Holger Zimmermann, Tina Zimmermann

Mit Leichtigkeit ins Projekt

Der Einstieg entscheidet über den Projekterfolg

AF178529

www.tredition.de

© 2017 Holger Zimmermann, Tina Zimmermann
Umschlag, Illustration: Christoph Prenosil
Lektorat, Korrektorat: das Projektmensch-Team
Titelbild: ©iStockphoto/nantela (139539636)

Verlag: tredition GmbH, Hamburg
Printed in Germany

ISBN
Paperback: 978-3-7323-4388-1
Hardcover: 978-3-7323-4389-8
e-Book: 978-3-7323-4390-4

Inhalt

Wer ein Projekt anpackt beginnt gedanklich auf der grünen Wiese. Im Gegensatz zu Routineprozessen gibt es bei Projekten keinen beschriebenen Weg, wie das Projekt startet. Deshalb stellt sich immer wieder dieselbe Frage: Wie mache ich den Anfang? Diese Kurzanleitung zeigt eine in der Praxis bewährte Vorgehensweise, wie Sie in wenigen Schritten von der Projektidee zum klaren Projektauftrag kommen.

Im Projektmanagement gibt es sehr viele nützliche Hilfsmittel. Wann und wie welche Methode oder Maßnahme zum Einsatz kommt, entscheidet am Ende jeder Projektleiter und jedes Projektteam selbst. Subjektiv und von Projekt zu Projekt unterschiedlich.

In unserer Reihe „Quick-Guide" greifen wir einzelne Hilfsmittel aus unserem Projektmanagement-Werkzeugkasten heraus. Damit wollen wir das Lesen dicker Projektmanagement-Literatur ersparen und liefern praxiserprobte Ansätze für Ihren Projektalltag.

Projektmensch®

Mit Projekten ist mehr möglich als man ahnt.

www.projektmensch.com

In dieser Reihe bereits erschienen:

Projektstrukturplan erstellen – Kurzanleitung für die
Projekt-Checkliste

www.projektmensch.com/go2/publikationen

Inhaltsverzeichnis

1. Vorwort

Die Idee hinter der Reihe „Quick-Guide" ist es, in einer kurzen Anleitung einzelne Projektmanagement Werkzeuge aus unserem Werkzeugkasten herauszugreifen und den Einsatz im Projektalltag zu beleuchten. Damit wollen wir das Lesen dicker Projektmanagement-Literatur ersparen und liefern praxiserprobte Ansätze für Ihren Projektalltag.

In dieser Publikation haben wir uns dafür entschieden, mehr als nur ein Werkzeug herauszugreifen und diese im Kontext darzustellen, um den roten Faden aufzuzeigen. Denn uns ist während des Schreibens wieder einmal bewusstgeworden, wie wichtig ein gelungener Start ins Projekt für einen positiven Verlauf und ein erfolgreiches Projektende sind.

Für uns ist dieses Büchlein dennoch ein „Quick-Guide", denn es zeigt eine von vielen möglichen Vorgehensweisen, wie Sie von der Idee eines Vorhabens zum ersten Projektmanagement-Meilenstein kommen. Die Schritte, die wir hier beschreiben, bewähren sich seit vielen Jahren in den unterschiedlichsten Projekten unserer täglichen Praxis.

Wir wünschen viel Spaß beim Lesen und zahlreiche Impulse für Ihren Projektalltag.

Tina & Holger Zimmermann

2. Ist das (wirklich) ein Projekt?

Abbildung 1: War bis 1972 das meistverkaufte Automobil. Das Ford Modell T

Wir können es nicht mehr hören: "Wir machen da ein Projekt!" Und im nächsten Satz wird von „Zuständigkeiten" und „Abteilungen" gesprochen. Da möchten wir laut Zwischenrufen: "Haltet ein, so wird das nichts!" Unser Zwischenruf kommt von innen, von tief drin. Denn viele Dinge, die als Projekt bezeichnet werden, sind keins, und viele Projekte, die welche sind, werden nicht als Projekte geführt.

Deshalb steht diese Klärung ganz am Anfang: Ist das Vorhaben ein Projekt, dann wird Projektmanagement nötig. Ist es kein Projekt, dann sinnvollerweise nicht.

Es ist dabei nicht nur Aufgabe der Projektleitung diese Klärung herbeizuführen, auch Auftraggeber tun gut daran, sich vor Beauftragung eines Vorhabens bewusst zu machen, um welche Art Vorhaben es sich tatsächlich handelt. Nicht alles, was einem als Projekt verkauft wird, hat diesen Titel auch verdient. Die Unterscheidung zur Routine ist wichtig. Das erspart viel unnötige Arbeit. Am Beispiel eines Verlags verdeutlicht: jedes Buch ist sicher einmalig. Der Weg von der Idee zum fertigen Buch, also die allgemeine Vorgehensweise der Bucherstellung, ist es jedoch nicht.[1]

Wer Projekte als Organisationsform verstehen will, der muss einen Blick in die Vergangenheit werfen und genauer betrachten, auf welchen Ideen unsere heutigen Organisationsformen basieren.

Gegenwärtig arbeiten wir in einer Welt organisiert nach Ideen von Frederick Taylor und Henry Ford. Sie etablierten vor mehr als 100 Jahren die industrielle Massenfertigung und veränderten damit grundlegend die Herstellung von Produkten. Taylor gilt als Begründer der Arbeitswissenschaft. Seine Lehre beruht auf genauen Zeit- und Arbeits-

---

[1] Projektmanagement im Verlag, Holger Zimmermann, 1. Auflage, August 2014

studien der Menschen und deren Umsetzung in geplante, routinierte Abläufe. Henry Fords Interessen galten dem Automobil. Wie Taylor im Allgemeinen, studierte Ford die Arbeitsabläufe in der Automobilfertigung und perfektionierte und standardisierte sie konsequent. Er etablierte Routineprozesse, so dass Arbeitsabfolgen möglich wurden, ohne dass es individueller Absprachen der Menschen bedurfte. Die Idee war einfach und genial. Der gesamte Herstellungsprozess wurde in einzelne Arbeitsschritte untergliedert, die Arbeiter auf einen Teilbereich spezialisiert. Damit sorgten die Routineprozesse für hochgradige Effizienz und damit wiederum für kostengünstige Produkte. Wie bspw. das Ford ‚Modell T'. Bis 1972 das meistverkaufte Automobil der Welt[2].

Noch heute sind die meisten Unternehmen strukturiert nach den damaligen Ideen und Ansätzen. Möglichst viele Arbeitsschritte wurden von zentraler Stelle organisiert und standardisiert. Gleiches Know-how wird in Organisationseinheiten, den ‚Abteilungen', gebündelt.

Das Arbeiten in Abteilungen funktioniert bestens, wenn es einen Routineprozess gibt, der das Vorgehen exakt regelt. Im Routineprozess ist eindeutig definiert, wer was in welchem Fall tun muss.

---

[2] Vertiefendes hierzu liefert u.a. wikipedia.de unter den Stichworten ‚Frederick Winslow Taylor' ‚Scientific Management' ‚Taylorismus' ‚Henry Ford' ‚Ford Modell T'

Alle Beteiligten kennen diesen Ablauf und werden ihn automatisch verfolgen, ohne dass Absprachen über die Vorgehensweise nötig sind. Die Beteiligten können sich darauf verlassen, dass der Prozess so definiert ist, dass er „von alleine" funktionieren wird. Sie können sich damit voll und ganz auf die Erledigung der für ihren Arbeitsplatz vorgesehenen Arbeit konzentrieren.

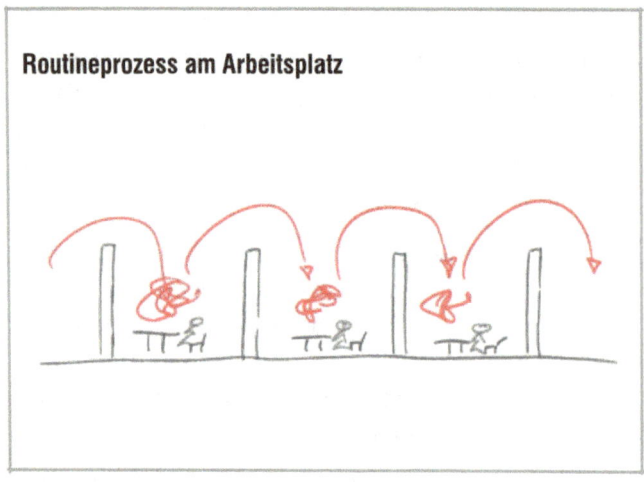

Abbildung 2: Routineprozesse – die Arbeit wandert automatisch weiter, ohne dass Absprachen notwendig sind.

Im Routineprozess ist die Zusammenarbeit zwischen den Abteilungen bereits organisiert. Diese Form der Zusammenarbeit ist heute hochgradig effizient, wird sie auch im Rahmen von Prozessoptimierungen in vielen Unternehmen kontinuierlich weiterentwickelt und verfeinert.

Seit einigen Jahren verändern sich jedoch die Anforderungen an Arbeitsbedingungen und Arbeitsformen. Der Einsatz neuer Technologien und die Globalisierung sorgen für mehr Wettbewerb und anspruchsvollere Kundenwünsche.

Ehemals etablierte Organisationsmodelle suchen Nachfolger, brauchen Innovation, das Neue. Die Herangehensweise von Taylor und Ford eignet sich nach wie vor bei der Herstellung großer Stückzahlen oder der Bearbeitung bereits ähnlicher, bekannter Fragestellungen. Wie aber organisieren wir uns bei der Herstellung eines einzelnen, individuellen Produkts? Oder bei einer Stückzahl 5?

Welches Vorgehen braucht es bei völlig neuen, unbekannten Dingen? Wie ermöglichen wir dabei eine gute Zusammenarbeit der Menschen? Wie gelingt uns das besagte, neue Geschäftsmodell oder das zukünftige Produkt?

Ein Organisationsmodell für Fragestellungen dieser Art ist das Projekt. Ein Projekt ist per Definition einmalig und zeitlich begrenzt. Hierfür eine standardisierte, sich stetig weiterentwickelnde Routine zu etablieren, für eine lediglich temporäre Organisation, ist für den Einzelfall undenkbar.[3]

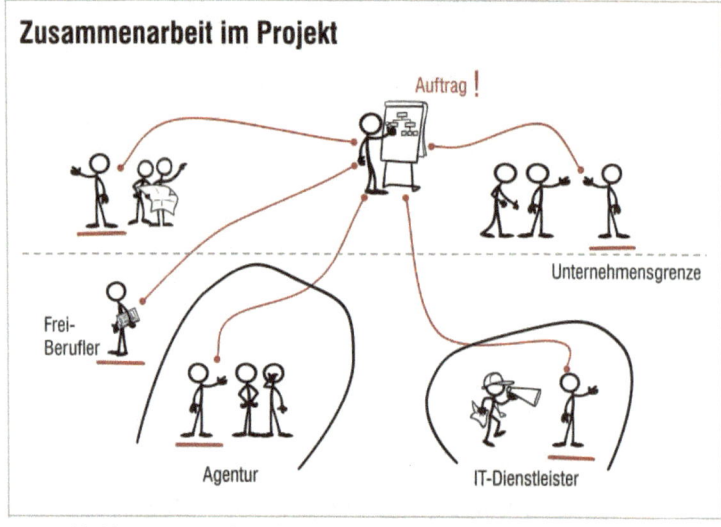

Abbildung 3: Projekt – die Zusammenarbeit muss organisiert werden.

---

[3] Holger Zimmermann, 2015, Projektmanagement-Standards einführen: www.projektmensch.com/go2/projektmanagement-standards

Wer ein Projekt macht, ein echtes, beginnt gedanklich auf der grünen Wiese. Man hat eine Aufgabe bekommen und muss diese Aufgabe lösen. Weil es im Projekt den Routineprozess nicht gibt, der so exakt definiert und verstanden ist, dass er automatisch funktionieren wird, fordert das Projekt eine individuelle Organisationsleistung.

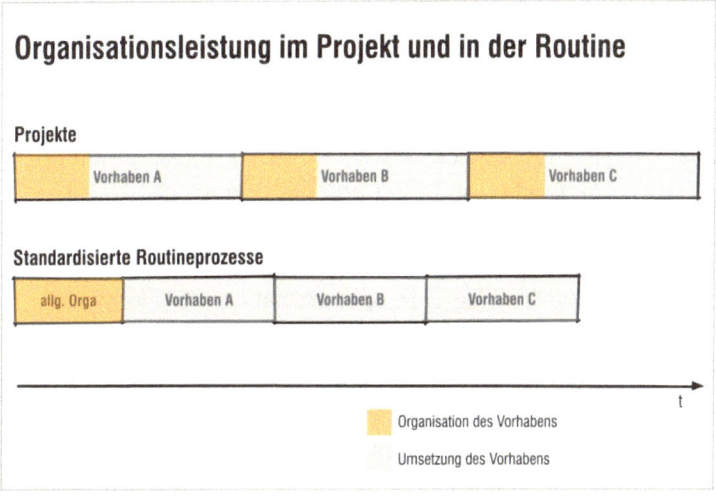

Abbildung 4: Jedes Projekt benötigt individuelle Organisationsleistung.

Im Projekt kommen Menschen mit spezifischem Know-how zusammen. Woher diese Menschen kommen, aus Bereichen des eigenen Unternehmens oder als externe Mitstreiter, interessiert dabei das Projekt zunächst nicht. Zu Beginn eines Projekts gibt es noch keine Spielregeln für die Zusammenarbeit dieser Menschen. Jeder Mitstreiter hat seinen eigenen Standard, individuelle Erfahrungen und ein eigenes Vorgehen. Diese verschiedenen Sicht- und Herangehensweisen zusammenzuführen, zählt zu einer der Kernaufgaben eines Projektleiters und einer Projektleiterin[4] zu Beginn seines Projekts. [5]

Im Vergleich zur Routine sind Projekte erst einmal ineffizient. Wenn Sie also bei ihrem Vorhaben erkennen, dass sich eine Vorgehensweise wiederholt, sollten Sie kurz innehalten und überprüfen, ob es sich tatsächlich um ein echtes Projekt handelt. Dasselbe gilt, wenn Sie erkennen, dass die Zusammenarbeit der Beteiligten auch ohne eine besondere Organisationsleistung zum Ziel führen wird. Was meist der Fall ist, wenn ein Vorhaben nicht komplex oder klein im Arbeitsumfang ist. Und falls Sie im Laufe Ihres Projekts erkennen, dass sich Vorgehensweisen auf andere Situationen übertragen und vereinheitlichen lassen, stellen Sie sich die Frage: „Sollten wir einen Standard, einen Routineprozess daraus machen?"

---

[4] Wir verwenden in diesem Büchlein den Begriff Projektleiter für beide Geschlechter.
[5] Link zum Blog-Artikel "Wer von Abteilungen redet, denkt nicht in Projekt": www.projektmensch.com/go2/abteilungen

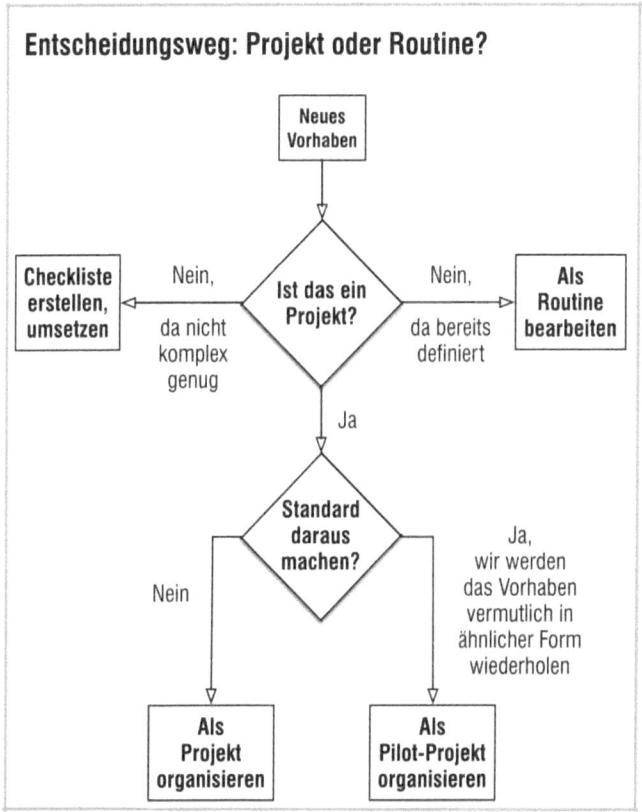

Abbildung 5: Welche Organisationsform gewählt wird, hängt vom Vorhaben und den Rahmenbedingungen ab.

Auch wenn dieses Kapitel nur bedingt mit dem Start in ein Projekt zu tun zu haben scheint, so ist es für uns doch elementare Grundvoraussetzung für erfolgreiche Projekte. Gutes Projektmanagement beginnt mit Klarheit darüber, welche Organisationsform sinnvoll und nötig ist, um ein Vorhaben zum Erfolg zu führen. Deshalb wiederholen wir uns an dieser Stelle gerne: Projekt? Oder Routine? Diese Überprüfung steht an, bevor das Projekt startet.

Handelt es sich bei Ihrem Vorhaben um ein Projekt, ein echtes, dann wird Projektmanagement nötig. Ist es kein Projekt, weil Sie erkennen, dass es bestehende Routineprozesse für dieses Vorhaben gibt, dann sinnvollerweise nicht.

Merkmale von Routineprozessen und Projekten

Routineprozesse
- ✓ alle Beteiligten kennen den eigenen Beitrag
- ✓ keine organisatorischen Absprachen nötig
- ✓ verlässlich für alle Beteiligten
- ✓ wiederholbar
- ✓ sorgen für Effizienz

Projekt
- ✓ einmalig
- ✓ zeitlich begrenzt = temporäre Organisation
- ✓ über Abteilungsgrenzen hinweg
- ✓ neuartig
- ✓ Menschen mit vielseitigem Know-how

Abbildung 6: Merkmale von Routineprozessen und Projekten

3. Die Projekteinrichtung – Grundlage für Projekterfolg

Aus organisatorischer Sicht kann ein Projekt grundsätzlich in vier zeitliche Abschnitte unterteilt werden: Die Projekteinrichtung oder der Projektstart, die Phase der Projektplanung, die Umsetzung oder die Phase der Projektsteuerung, die Übergabe oder der Projektabschluss. Die Projektmanagement-Phasen werden nacheinander durchlaufen und haben jeweils bestimmte Zwischenziele (Projektmanagement-Meilensteine) zum Ergebnis.

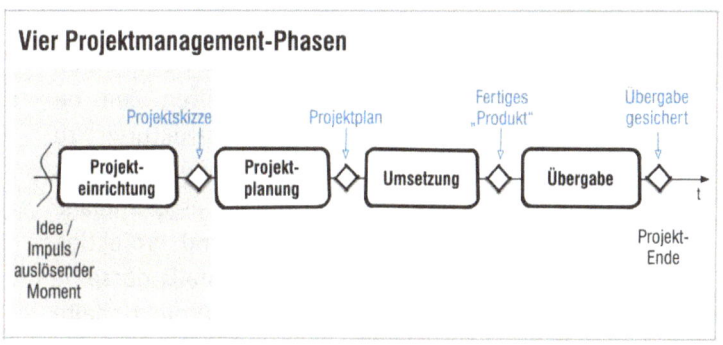

Abbildung 7: Die erste Phase ‚Projekteinrichtung' – wichtig für den Projekterfolg

In dieser Kurzanleitung legen wir unser Augenmerk auf den Start eines Projekts. Das Projekt beginnt mit der Idee bzw. dem mündlichen Auftrag, durchläuft die erste Projektmanagement-Phase ‚Projekteinrichtung' und erreicht mit der freigegebenen Projektskizze den ersten wesentlichen Projektmanagement-Meilenstein.

Andernorts wird das, was wir hier als Projektskizze bezeichnen, „formaler Projektauftrag" oder „Projekt-Carta" betitelt. Diese Begriffe, so haben wir die Erfahrung gemacht, werden jedoch widersprüchlich interpretiert. Projektskizze hingegen scheint eher neutral besetzt, was hilft, Missverständnisse und Fehlinterpretationen zu vermeiden.

Die Projektskizze ist eines der mächtigsten Projektmanagement-Werkzeuge, da sie sehr früh im Projekt für Struktur und Klarheit sorgt. Sie stellt sicher, dass alle am Projekt Beteiligten am selben Thema und demselben Ergebnis arbeiten. Zum einen führt sie Projektleiter und Team strukturiert zu einem eindeutigen und klar umrissenen Verständnis des Mandats, zum anderen sorgt sie als Grundlage des Dialogs zwischen Auftraggeber und Projektleitung dafür, dass beide Parteien ebenfalls dasselbe Verständnis des Auftrags und der Projektinhalte haben.

Wenn wir in dieser Publikation von Auftrag oder Projektauftrag sprechen, dann meinen wir damit in erster Näherung die Sammlung an Gedanken, Ideen und Vorstellungen über ein Projektergebnis, das zu

Beginn eines Projekts oft nur im Kopf des Auftrag-gebers existiert.

Um die Freigabe der Projektskizze zu erreichen, ist zunächst Auftragsklarheit zwischen Auftraggeber und Projektleiter wichtig. Dazu dient das **Projekt-mandat**. Der **Projektstart-Workshop** hilft, das Vor-haben zunächst grob zu strukturieren und zu pla-nen. In der **Projektskizze** werden die Ergebnisse strukturiert zusammengefasst. Auftraggeber und Projektleiter einigen sich damit auf die konkrete Vorgehensweise im Projekt.

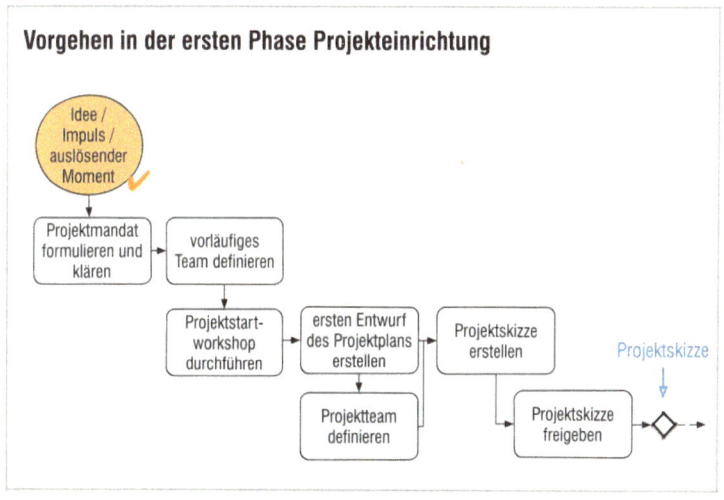

Abbildung 8: In wenigen Schritten zum ersten Projektmanage-ment-Meilenstein - die Projektskizze.

Seit 1997 begleiten wir Projektteams sowie deren Auftraggeber. Wenn sich dabei ein Muster mehr als deutlich gezeigt hat, dann der direkte Zusammenhang zwischen Beauftragung der Projektleitung und Projektverlauf. Viele Projektleiter wissen oft erst nach langer Zeit, was wirklich von ihnen erwartet wird und wofür sie genau verantwortlich sind. Eine eindeutige Formulierung und Klärung des Projektmandats zwischen Auftraggeber und Projektleiter ist elementar, um den Nutzen eines Projekts sicherzustellen.

Landet eine Idee als (mündlicher) Projektauftrag zur Umsetzung auf dem Schreibtisch des Projektleiters, sind dieser Beauftragung meist eine Reihe an Vorüberlegungen Anderer vorausgegangen. An verschiedensten Stellen sind Wünsche und Nutzenerwartungen an das Vorhaben entstanden, möglicherweise sogar eine erste Vorstellung darüber, wie das Projekt konkret angegangen und umgesetzt werden soll.

Damit stehen bereits zum Zeitpunkt der Beauftragung der Projektleitung eine Vielzahl an Informationen samt persönlicher Interessen, Wünsche und Erwartungen im Raum, die bei Annahme durch den Projektleiter, aufgedeckt und geklärt werden müssen.

Im Extremfall hat der Projektleiter jedoch nicht mehr als einen mündlichen Auftrag erhalten. Und das nicht selten auf dem Weg zur Kantine, getreu dem Motto: „Gut, dass ich Sie treffe. Wir haben da gerade über etwas diskutiert. Kümmern Sie sich doch bitte mal!"

Herzlichen Glückwunsch, Sie sind jetzt Projektleiter. Allerdings ohne formales Mandat, ohne Ressourcen, ohne inhaltliche Angaben und ohne Klarheit darüber, wer bereits mit wem diskutiert hat und welche Vorstellungen dabei entstanden sind.

Wichtig ist jetzt die eindeutige Klärung des (häufig mündlich überbrachten) Projektauftrags zwischen Projektleitung und Auftraggeber. Am besten im persönlichen Gespräch.

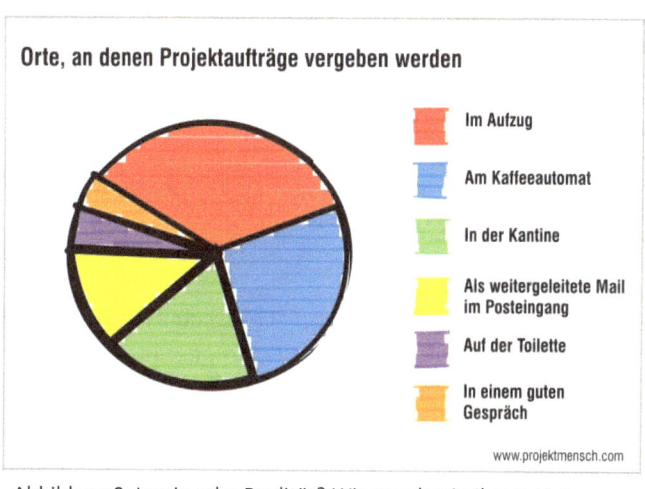

Abbildung 9: Ironie oder Realität? Wie werden in Ihrem Unternehmen Projektaufträge vergeben?

Das Projektmandat formulieren und klären

Im Fokus der Projektarbeit steht meist der Projektleiter. Er (oder sie) wird als zentrale Rolle wahrgenommen, auf ihm lastet die Verantwortung. Wer sich allerdings intensiver mit Projekten beschäftigt, merkt sehr deutlich, dass viele Auftraggeber von Projekten ihre eigene Rolle weit unterschätzen. Irgendwie geht man gemeinhin davon aus, dass der Projektleiter das Vorhaben schon zum Ergebnis führen wird. Dabei ist der Anteil, den Auftraggeber und Lenkungsgremien am Projekterfolg haben, beträchtlich.

Jeder Auftraggeber sollte sich unter anderem deshalb fragen, wie er dazu beitragen kann, die Arbeit der Projektleitung leichter zu machen und die Erfolgswahrscheinlichkeit des Projekts zu steigern. Grundsätzlich hat der Auftraggeber u.a. die Verantwortung dafür, dass eine Person ein klares Mandat hat. Ein lediglich mündlich überbrachter Auftrag ist nicht genug.

Ein gut formuliertes und schriftlich aufbereitetes Projektmandat ist für einen Auftraggeber mit wenig Aufwand verbunden, erspart im Laufe des Projekts jedoch der Projektleitung, dem Projektteam und dem Auftraggeber selbst eine Menge Arbeit. Im Umkehrschluss führen schlecht formulierte Aufträge zu vielen Missverständnissen in Projekten, die wiederum viel unnötigen Klärungsaufwand mit sich bringen.

Im Projektmandat erläutert der Auftraggeber die Verantwortung des zukünftigen Projektteams. Dabei ist es klug, die Verantwortung für das Gesamtergebnis zu definieren. Die Mandate, die sich in der Vergangenheit bewährt haben, hatten stets dafür gesorgt, dass das Projektteam für das gesamte Ergebnis verantwortlich ist, nicht nur für einen Ausschnitt.

Lassen Sie uns das an einem kleinen Beispiel verdeutlichen. Wie stark die Organisationsform nach Taylor & Ford und damit das Denken in Ausschnitten und Zuständigkeiten in unseren Köpfen verankert ist, haben wir bei einem ‚kleinen Bauprojekt' erfahren dürfen. Mit Architekt und Bauleitung war ein geschlossenes Nebengebäude ‚der Schuppen' vereinbart worden. Der Schuppen sollte als Unterbringung von Fahrrädern, Gartengeräten, etc. dienen, ausgestattet mit einem Bodenbelag der auch Wasserunfälle verzeiht, Wänden woran Regale und Halterungen befestigt werden können, Stromversorgung für elektrische Geräte samt Beleuchtung an der Decke und ein Waschbecken mit fließend Wasser.

„Den Schuppen macht der Zimmermann!" sagte der Bauleiter im Brustton der Überzeugung.

Die Bauherrin sah ihn fragend an: „Wir hatten besprochen, dass es im Schuppen auch Licht geben soll. Das macht der Zimmermann nicht, oder?" „Ah, stimmt. Nein, das macht der Elektriker, ich sage ihm, dass er Strom legen soll."

„Und fließend Wasser hatten wir auch besprochen. Legt die Leitungen auch der Zimmermann?"
„Ah stimmt. Nein, das macht die Sanitär-Firma. Ich kümmere mich."

„Und stellt der Zimmermann die Holzständer für die Wände direkt auf den Boden?" „Nein, selbstverständlich nicht, da brauchen wir ein Fundament. Dafür beauftrage ich das Rohbauunternehmen."

Das Gespräch setzte sich noch eine Weile in dieser Form fort, bis klar war, dass weitere Personen und Gewerke an der Errichtung des Schuppens beteiligt sein würden. Schlussendlich erhielt jedes Gewerk für sich betrachtet die entsprechende Beauftragung: Das Rohbauunternehmen goss das Fundament, der Zimmermann stellte Wände und Dach, die Sanitär-Firma legte Leitungen für Wasser und der Elektriker sorgte für die Stromversorgung des Schuppens. Das Ergebnis war ernüchternd: Das Dach war gedeckt, die Stromkabel lagen oben auf.

Nach Taylor & Ford, in Zuständigkeiten organisiert, hatten beide Gewerke, Zimmermann und Elektriker, aus der eigenen Perspektive betrachtet ihren Auftrag korrekt ausgeführt. Beiden war (vermeintlich) klar, was von Ihnen erwartet wurde. Und beide kamen weder vor noch während der Ausführung ihrer Arbeiten auf die Idee, sich abzustimmen. Wir stellen uns die Frage, wie es wohl gekommen wäre, wenn sich die Parteien nicht nur für den eigenen Auftrag verantwortlich gefühlt hätten, sondern für das Gesamtergebnis?

Für das gesamte Ergebnis verantwortlich sein, impliziert auch die Frage: „Reicht das formulierte Mandat weit genug?" Wir bemühen an dieser Stelle ganz gerne unser Bild der Bergwanderung. Der mündliche Auftrag lautet „Ab in die Berge!"

Es stellt sich die Frage: Wann ist er erfüllt? Wenn die Gruppe auf dem Gipfel steht? Nein. Die Verantwortung des Projektteams endet, wenn die Wander-Gruppe vollzählig, gesund und möglichst mit schönen Erinnerungsfotos wieder unten angekommen ist.

Abbildung 10: Achtung Fangfrage – Wohin stecken wir die Zielfahne?

Auch im Unternehmensalltag sehen wir, wie Projekte auf die (noch gebräuchliche) Organisationsform nach Taylor & Ford treffen. Im Maschinenbau bspw. ist die Entwicklungsabteilung verantwortlich für die Entwicklung eines neuen Produkts, die Vertriebsmannschaft dafür, dass das neu entwickelte Produkt an den Mann kommt, die Produktion kümmert sich um den Bau des Produkts, die Controlling Mannschaft ist verantwortlich für einen starken Deckungsbeitrag, usw. Jeder Bereich wird für sich genommen das bestmögliche Ergebnis erzielen. Was aber ist ein gutes Ergebnis für das Projekt?

Gute Ergebnisse ?

Im Sondermaschinenbau hat der Kunde die Maschine im Einsatz. Sie liefert die gewollten Taktzeiten. Die Mitarbeiter können sie bedienen und der Service die Maschine warten. Wer den Transport vergisst oder den Service nicht regelt, sorgt für Reibung. Die reine Bereitstellung einer getesteten Maschine ist nicht genug.

Bei der Einführung neuer Produkte geht es darum, mit den Produkten Geld zu verdienen oder eine strategische Position zu besetzen. Das Ergebnis ist also, dass die Produkte im Markt angekommen sind. Die reine Entwicklung und Bereitstellung an den Vertrieb ist nicht genug.

Abbildung 11: Das Projektmandat benennt auch, welches Ergebnis vom Projektteam erwartet wird

Die Autoren von Projektmandaten, die das Projektteam für das gesamte Ergebnis verantwortlich machen, verwenden viel Zeit darauf, das gewünschte Projektergebnis möglichst konkret zu beschreiben. Samt aller zugehörigen Nebenstränge. Wer Projekte beauftragt, darf nicht erwarten, dass etwas automatisch geschieht.

Da Auftraggeber in der Praxis selten viel Zeit für die Auftragsübergabe verwenden, ist es im Zweifel Aufgabe der Projektleitung – selbst wenn sie noch nicht formal feststeht – das Mandat möglichst gut zu klären.

Leider verzichten manche Projektleiter darauf, Fragen zu stellen, nehmen an, sie hätten das schon richtig verstanden und legen los mit der Arbeit. Mit fatalen Konsequenzen: gelegentlich wird erst nach viel Arbeit erkannt, dass das Mandat eigentlich ganz anders gemeint war. Dann wurde bereits jede Menge Zeit investiert und Geld ausgegeben. Unter anderem deshalb ist es sinnvoll, das Mandat sorgfältig zu klären bevor sich irgendjemand an die Arbeit macht.

Ist die Zeit des Auftraggebers eng bemessen, kann eine Einladung zum Mittagessen ein eleganter Weg sein, um trotzdem zu einer Rücksprachegelegenheit zu kommen.

Bei der Mandatsklärung ist unter anderem wichtig zu verstehen, was die Absicht hinter dem Projektmandat ist und was von Projektleitung und Projektteam erwartet wird. Orientieren Sie sich an folgenden Fragen, genügt dies erfahrungsgemäß, um ein gutes erstes Gespräch in Gang zu bringen:

- Wie und aus welchen Beweggründen ist das Projekt entstanden?
- Welcher Nutzen wird erwartet?
- Um welche Themen soll sich das Projektteam kümmern und welche sind nicht mehr im Verantwortungsbereich?
- Welche Rahmenbedingungen müssen berücksichtigt werden?
- Welche Vorgaben gilt es einzuhalten beziehungsweise zu erreichen?
- Welche Ressourcen (Personen, Material, Budget etc.) sind bereits vorgesehen?
- Welchen Rang hat das Projekt?[6]
- Welche Personen sind außerdem in welcher Rolle beteiligt oder sollen beteiligt werden?

Je konkreter und spezifischer das Mandat, desto leichter tun sich Auftraggeber, Projektleitung und Projektteam. Mindestens folgende Eckpunkte des

---

[6] Blog-Artikel: „Für die, die (zu) viele Projekte haben: die Projekt-Pipeline (1)" www.projektmensch.com/go2/blog-pipeline-1

Blog-Artikel: „Multi-Projekt-Management einfach machen. Die Projekt-Pipeline (2) www.projektmensch.com/go2/blog-pipeline-2

Projektmandats sollten vom Auftraggeber durchdacht und schriftlich festgehalten sein:

- Auftrags- / Mandatsbeschreibung
- Nutzenerwartung
- Hintergrund und Entstehung
- Erwartung an Projektleitung und Projektteam
- Vorgaben (Termine, Zwischenergebnisse, Budget, Qualität)
- Relevante Dokumente

Und zu einem guten Projektmandat gehören auch:

- die Bezeichnung des Projekts ggf. mit Projekt-Nummer
- die Namen der Projektleitung und des Auftraggebers
- die Unterschrift des Auftraggebers

Das Projektmandat liefert die Zielvorgaben und unter welchen Rahmenbedingungen diese erreicht werden sollen. Es markiert den Startpunkt des Projekts im Sinne einer Übergabe von Verantwortung vom Auftraggeber an die Projektleitung. Auftragsklarheit zu einem frühen Zeitpunkt erspart viel unnötigen Planungsaufwand und vor allem viele Eingriffe und Änderungen durch den Auftraggeber im laufenden Projekt.

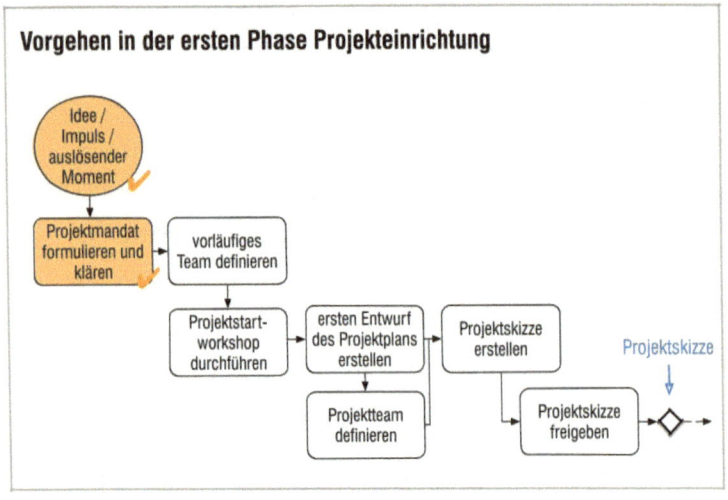

Abbildung 12: Ist das Projektmandat für beiden Seiten klar formuliert, heißt es Komplizen finden für das Vorhaben.

Das vorläufige Projektteam definieren

Zu Beginn eines Projekts steht der Projektleiter meist vor einem Dilemma. Häufig ist lediglich er benannt, indem er das Mandat zur Durchführung des Projekts erhalten hat. Nun benötigt er weitere Personen mit entsprechendem Fachwissen in unterschiedlichen Disziplinen, um einen Projektplan erstellen zu können. Gleichzeitig benötigt er den Projektplan, um erkennen zu können, welche Personen mit welchem Know-how er in welchem zeitlichen Umfang benötigen wird.

Dieses ‚Henne-Ei-Problem' kann gelöst werden, indem für die Startphase bis zum Abschluss der Projektplanung ein vorläufiges Projektteam installiert wird[7]. Der Projektleiter schätzt ab, welche Wissensgebiete im Projekt benötigt werden und versucht in Zusammenarbeit mit den jeweiligen Vorgesetzten passende Mitstreiter zu gewinnen. Diese Mitstreiter werden jedoch nicht für die gesamte Projektlaufzeit gebucht, sondern lediglich für die Startphase bis zum Abschluss der Projektplanung.

Dieses Vorgehen erleichtert einige Dinge im weiteren Projektverlauf. Zuallererst ist es leichter, Zusagen zur Beteiligung an der Projektplanung zu erhalten, als für die Mitarbeit an einem Projekt mit noch unbestimmter Dauer und in noch unbestimm-

---

[7] Link zum Blog-Artikel:
www.projektmensch.com/go2/projektstart-onboarding

tem Umfang. Gleichzeitig ist es wesentlich leichter, an dieser Zusammensetzung wieder etwas zu ändern. Es ist von Anfang an Teil der Vereinbarung, dass sich die Zusammensetzung des Projektteams nochmals ändern kann und vermutlich auch ändern wird. Alles andere würde hellseherische Fähigkeiten des Projektleiters voraussetzen.

Nicht selten wird im Rahmen der Projektplanung erkannt, dass der ein oder andere Kollege nicht im ursprünglich gedachten Umfang benötigt wird und stattdessen ein anderer Kollege weit mehr beansprucht werden wird, als zu Beginn angenommen. Aufgrund der vorläufigen Verpflichtung fürs Projekt kann dieser Erkenntnis Rechnung getragen werden und das ohne Gesichtsverlust. Es war schließlich so beabsichtigt.

Den Projektstart-Workshop durchführen

Wenn ein Projekt startet, stellt sich immer wieder dieselbe Frage: „Wie machen wir als Team den Anfang?" Ein bewährtes Instrument ist der Projektstart-Workshop. Er stellt den ersten Schritt nach der Mandatsklärung dar. Im Projektstart-Workshop wird versucht, einen roten Faden für den weiteren Projektverlauf zu entwickeln. Die Grundlagen für die weitere Arbeit zu schaffen.

Zu diesem Zeitpunkt treffen unterschiedliche Charaktere mit unterschiedlichen Perspektiven, Meinungen, Erfahrungen und Know-how aufeinander. Das schafft Spielraum für Interpretation. Deshalb ist es wichtig, dass alle Beteiligten ein gemeinsames Verständnis für die Ausgangslage des Projektes entwickeln. Dazu gehört der sachliche Inhalt ebenso, wie die subjektive Interpretation der Beteiligten samt deren Ansichten.

Das Ziel dieses ersten Treffens des vorläufigen Projektteams ist es, einen ersten Entwurf der Projektziele, eine erste Struktur der Aufgaben und des zeitlichen Ablaufs, sowie eine erste Übereinkunft über die weitere Zusammenarbeit zu haben.

Die Dauer dieses Workshops wird maßgeblich davon bestimmt, wie viel Zeit die Teilnehmer kurzfristig aufbringen können. In vielen Projekten ist es sinnvoll, von einem ganzen Tag auszugehen. Innerhalb eines Tages lassen sich ausreichend gute Ergebnisse erzielen. Gleichzeitig ist ein Tag für die meisten Mitstreiter ein noch zu realisierendes Maß.

Vorschlag zur Agenda

Ziel des Tages
- ✓ Alle Projektbeteiligten gehen von den selben Grundlagen aus und arbeiten auf das selbe Ziel hin.
- ✓ Die erste Version einer Projektstruktur als gemeinsame Arbeitsgrundlage ist erarbeitet und Verantwortlichkeiten sind abgestimmt.
- ✓ Die weitere Organisation des Projekts ist vereinbart.

Ablauf
- ✓ Welche Ausgangslage finden wir vor?
- ✓ Welche Risiken gibt es? Was tun?
- ✓ Was sind unsere Ziele?
- ✓ Was sind unsere Aufgaben?
- ✓ Wie wollen wir vorgehen?
- ✓ Wer hat welche Rolle?
- ✓ Wie wollen wir Information / Kommunikation sicherstellen?
- ✓ Welche Tools wollen wir nutzen?
- ✓ Wo wollen wir Dokumente ablegen?

Abbildung 13: Vorschlag zur Agenda für einen eintägigen Projektstart-Workshop

Als Einstieg in den Workshop hat es sich bewährt, eine gemeinsame Bestandsaufnahme zu machen. In obiger Abbildung dargestellt mit der Frage: „Welche Ausgangslage finden wir vor?" Die muss nicht zwingend Neues zutage fördern, vielmehr geht es um eine gemeinsame Sicht auf die Dinge. In unserem Blog-Artikel „Projektstart: Gemeinsames Verständnis für die Ausgangslage schaffen" finden Sie einen umfangreichen Fragenkatalog, der Sie bei der Bestandsaufnahme unterstützen kann.[8]

Der Fragenkatalog mag lang erscheinen. Das entspricht seinem Wert. Die Antworten sind wie das Fundament, auf dem später Ziele und Projektpläne stehen. Je besser das Fundament, desto stabiler der Aufbau. Projektleiter, die versuchen diesen Schritt abzukürzen, bezahlen das meist mit langwierigen Diskussionen oder gar Reibereien im Projektteam.

Die grundlegenden Schritte beim Projektstart sind von Projekt zu Projekt sehr ähnlich. Allerdings erfordern die dafür verwendeten Instrumente und Vorlagen oft eine lineare Abfolge von Schritten. Auch der hier gezeigte Vorschlag zur Agenda basiert auf der sukzessiven Abarbeitung der Fragen. Die muss aber nicht zwangsläufig dem entsprechen, wie Projektgruppen diskutieren.

Wer keine strikten Workshop-Abläufe mag, für den könnte unser Projektmanagement-Canvas eine Alternative sein. Der Canvas zeigt die wesentlichen zu klärenden Themen auf einen Blick. Die Reihenfolge der Bearbeitung kann frei gewählt werden.

---

[8] Link zum Blog-Artikel:
www.projektmensch.com/go2/projektstart-ausgangslage

Springen zwischen den Fragestellungen ist „erlaubt". Gedanken und Ideen, Äußerungen und Vereinbarungen werden einfach im entsprechenden Feld eingetragen. So entsteht nach und nach ein vollständiges Bild des Projekts. Wir empfehlen, den Canvas auf einen Tisch zu legen, jeden Teilnehmer mit Stift auszustatten und zur aktiven Schreib-Mitarbeit einzuladen. Bewährt hat sich der Einstieg mit dem Feld „Ausgangslage / Rahmenbedingungen".[9]

Neben den sachlichen Ergebnissen, kommt dem Projektstart-Workshop eine weitere wesentliche Aufgabe zu: den Teammitgliedern Zeit geben fürs gegenseitige Kennenlernen. Gruppen haben eine bestimmte Dynamik, die sich nicht umgehen lässt. Diese Dynamik beginnt mit der ersten Zusammenkunft, weshalb diese nicht nur aus sachlichen Gesichtspunkten gestaltet werden sollte. Bereits in der ersten Sitzung kann späteren Reibungsverlusten vorgebeugt werden, wenn Zeit fürs Kennenlernen vorhanden ist und dieses Kennenlernen geschickt gestaltet wird.

---

[9] Link zum Blog-Artikel: www.projektmensch.com/go2/canvas

Fünf Phasen sind für die Teamentwicklung typisch[10]:

- Forming – der Einstieg in die Gruppenarbeit, die ersten Zusammenkünfte, der auch als „Auftauen" bezeichnet werden kann
- Storming – das (öffentliche) Auftreten unterschiedlicher Meinungen und Vorstellungen, der Beginn der „Gärung"
- Norming – das Entwickeln von bewussten und unbewussten Spielregeln der Zusammenarbeit, das Abklingen der „Gärung"
- Performing – die anvisierte Phase bewusster Teamentwicklung, die auch als „Produktivität" bezeichnet wird, denn jetzt erst ist produktives Arbeiten möglich
- Adjourning – die Phase des Abschieds und der Auflösung, die auch als „Ausstieg" bezeichnet wird

Die erste Phase in der Teamentwicklung ist dabei eine Phase, die auch als „Auftauen" bezeichnet wird[11]. Diese Phase im Projekt ist geprägt durch

---

[10] Stages of Small-Group Development Revisited, Bruce W. Tuckman/ Mary Ann C. Jensen, Group & Organization Studies, Dezember 1977, Seite 419f.

[11] Projektmanagement-Fachmann, Band 1, ohne Autorennennung, RKW-Verlag, 7. Auflage, 2003, S. 345f

persönliche Verhaltensweisen der Mitstreiter, wie beispielsweise vorsichtiges Abwarten, Unsicherheit, persönliche Etikette, etc. Der Moderator des Workshops bzw. die Projektleitung sollten in dieser Zeit der Gruppe viel Raum geben, so dass sich ein Miteinander entwickeln kann. Die verantwortungsfreie Diskussion über die Ausgangslage ist hierfür ein geeignetes Instrument. Sie gibt den Menschen Zeit, im Projekt anzukommen. Ziel aller Schritte auf zwischenmenschlicher Ebene ist es, einen möglichst hohen Grad an Kooperation zu erzeugen.

Projektmanagement ist eine kooperative Arbeitsweise. Je besser es gelingt Kooperation zu erzeugen, desto leichter tut sich ein Projektteam in der Zusammenarbeit. Gerade da der Projektleiter auf viele Teammitglieder nur mittels Verhandlung und Vereinbarung einwirken kann und keine hierarchisch bedingte Weisungsbefugnis hat.

Eine Beteiligung des Auftraggebers am Projektstart-Workshop halten wir für durchaus sinnvoll. Dieser sollte im Idealfall zu Beginn und Ende des Workshops teilnehmen. In der Anfangsphase kann er helfen, Auftrag und Rahmenbedingungen zu präzisieren. Außerdem sind Auftraggeber meist in der Lage, wesentliche Fragen des Projektteams zur Ausgangslage zu beantworten. Gegen Ende des Workshops kann der Auftraggeber gegebenenfalls korrigierend eingreifen und Wissenslücken füllen. In manchen Fällen ist sogar eine erste, vorläufige Freigabe der erarbeiteten Ziele und Pläne möglich, was manchen Folgeschritt erleichtert.

Zur Klärung der Ziele und des Vorgehens im Projekt können durchaus mehrere Schleifen nötig werden. Diese sollten nicht als störend, sondern im Sinne der Teamentwicklung als sehr wertvoll empfunden werden. Gleichzeitig ist die Diskussion und Klärung des Mandats eine wichtige vertrauensbildende Maßnahme zwischen Auftraggeber, Projektleiter und Projektteam.

Eine Anmerkung ist uns an dieser Stelle sehr wichtig. Bitte nicht verwechseln: Der Projektstart-Workshop ist keine Kick-off-Besprechung. Die Kick-off-Besprechung markiert das Ende der Projektplanungsphase und den Beginn der Umsetzung. Bis zum Beginn der Umsetzung wird geplant, sprich auf Papier erarbeitet, wie es gelingen könnte, die Ziele zu erreichen. Das Ergebnis ist der Projektplan.

Abbildung 14: Werden gern vermischt - Projektstart-Workshop und Kick-Off-Besprechung

Die Freigabe des Projektplans und damit der Beginn der Umsetzung werden häufig im Rahmen einer Kick-off-Besprechung durchgeführt. Damit ist diese Besprechung eine Meilenstein-Besprechung mit besonderem Inhalt, die am Ende der Planungsphase / zu Beginn der Umsetzungsphase durchgeführt wird. Der Projektstart-Workshop liegt zeitlich wesentlich früher, noch vor der Projektplanung.

Den ersten Entwurf des Projektplans erstellen

Sind Projektziele, Themenbereiche samt Aufgaben und ein erster grober zeitlicher Ablauf abgestimmt, heißt es einen klaren Rahmen für das weitere Projekt zu schaffen. Als ersten Schritt können Projektleitung und vorläufiges Projektteam aus den erarbeiteten Ergebnissen eine erste Version des Projektplans verfassen. Durch die Zuordnung von Mitarbeitern zu den Themenbereichen und Aufgaben wird klarer, welches Know-how und welche Mittel wann im Projekt benötigt werden. Das wiederum ermöglicht eine erste Verhandlung mit dem Auftraggeber über Kapazitätsbereitstellung und verfügbare Mittel.

Das Projektteam definieren

Bei der Erstellung des Projektplans samt Zuordnung von Kapazität und Ressourcen, wird auch deutlich, wer wann im Projekt für welche Aufgaben oder Aufgabenbereiche eingesetzt wird. Dabei wird klarer, wer später das Projektteam bilden wird. Auch lassen sich grundsätzliche Rollen im Projekt ableiten. Sie beschreiben, wie eine Person am Projekt mitwirkt. Mindestens die Rollen Auftraggeber, Projektleitung und Mitglieder des Projektteams müssen in jedem Projekt geklärt werden.

Jeder an einem Projekt Beteiligte hat bestimmte Erwartungen, wie er seine Rolle ausfüllen will und wie andere ihre Rolle ausfüllen sollen. Meist decken sich diese Erwartungen nicht vollständig mit denen anderer Beteiligter. Eine gute Rollenklärung macht bewusst, wer was von wem erwartet, wer welche Kompetenzen erhält und wie die Spielregeln der Zusammenarbeit aussehen. Das reduziert Reibungsverluste. Gleichzeitig ist diese, sinnvollerweise in einem Workshop erarbeitete Vereinbarung für den Projektleiter ein wichtiges Instrument im weiteren Projektverlauf. Die Projektleitung kann Missstände jederzeit in Bezug auf diese Vereinbarung ansprechen und so Konflikte frühzeitig angehen, so lange diese noch verhältnismäßig einfach aufzulösen sind.

Sobald es um Rollen im Projekt geht, wird häufig die AKV-Matrix angesprochen. Damit sind Aufgaben, Kompetenzen und Verantwortung gemeint.

Die AKV-Matrix leistet nützliche Dienste, lässt jedoch die Spielregeln der Zusammenarbeit außer Acht. Jeder Projektbeteiligte hat an solche Spielregeln eine mehr oder weniger bewusste Erwartungshaltung. Sobald gegenseitige Erwartungen bewusst und daraus Spielregeln vereinbart werden, sinken die Reibungsverluste durch unnötige Diskussionen und das Konfliktpotenzial beträchtlich. Deshalb leistet eine Abwandlung der AKV-Matrix nützliche Dienste, die eben diese Klärung von Erwartungen sowie der Spielregeln der Zusammenarbeit mit abdeckt.

Während bei der AKV-Matrix die Sache im Vordergrund steht, erlaubt diese Variante auch Zwischentöne im Sinne des Projektteams als soziales System. Unausgesprochene und ungeklärte Erwartungen sind häufig der Auslöser für Konflikte, die Zeit, Geld und Nerven kosten. Werden die Rollen gemeinsam erarbeitet, macht das die Zusammenarbeit leichter. Die Inhalte ähneln denen der AKV-Matrix. Die Perspektive ist meist eine andere, aus der diese Inhalte beschrieben werden. Wichtig ist, dass alle Personen beteiligt sind, deren Rolle geklärt wird.

Die Projektskizze erstellen

Als Grundlage der Vereinbarung zwischen Auftraggeber, Projektleitung und Projektteam über Ziele, Verantwortung und verfügbare Mittel zur Erreichung der Ziele dient die Projektskizze. Aus kommunikativer Sicht kommt die Projektskizze einer Quittung gleich: der Auftraggeber hat die Projektleitung mit einem Vorhaben beauftragt. Das Projektteam meldet jetzt mit der Projektskizze zurück, was es als Mandat verstanden hat, welche Annahmen zur Ausgangslage bestehen und wie das Team das Projekt angehen möchte. Diese Quittung stellt sicher, dass Auftraggeber, Projektleitung und Projektteam von denselben Dingen sprechen. Damit hat das Projektteam die Sicherheit, in die ,richtige' Richtung zu marschieren.

Beim Auftraggeber schafft die Projektskizze Vertrauen, denn er kann sich nun sicherer sein, dass das Projektteam in seinem Sinne handeln wird. Dieser Vertrauensgewinn führt in vielen Fällen zu einem deutlich spürbaren Effekt: die Anzahl der spontanen Eingriffe des Auftraggebers in das Projektgeschehen geht deutlich zurück. Das entlastet sowohl den Auftraggeber wie auch Projektleitung und Projektteam.

Aus kommunikativen Gesichtspunkten ist es deshalb auch ratsam, die Projektskizze gemeinsam zu besprechen und gemeinsam freizugeben. Wobei allen Parteien klar sein sollte, dass sich Inhalte der Projektskizze ändern können und der Start ins Projekt ein iterativer Prozess ist.

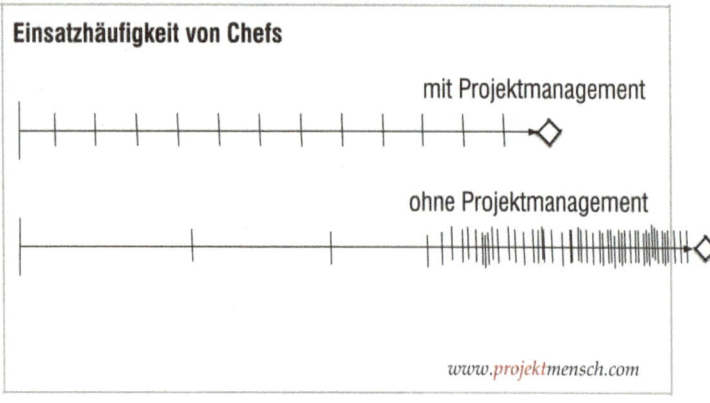

Abbildung 15: Die Projektskizze sorgt bereits zu Projektbeginn für Vertrauen zwischen Auftraggeber und Projektleitung.

Zwei Dinge sollte die Projektskizze[12] mindestens beschreiben, um als Ausgangsbasis für die weitere Projektarbeit von Nutzen zu sein. Eine Beschreibung der Ausgangslage des Projekts (Startpunkt) und die Definition der Projektziele (Endpunkt). Sind diese beiden Positionen beschrieben, ist das Vorhaben grundsätzlich definiert. Sobald Start- und Endpunkt

---

[12] Eine Vorlage zum Herunterladen gibt es unter: www.projektmensch.com/go2/projektskizze

des Projekts bekannt sind, kann es lediglich noch eine Diskussion über verschiedene, alternative Wege der Zielerreichung geben. Das wiederum schließt unzählige Möglichkeiten bereits aus, die entweder nicht der Ausgangssituation gerecht werden oder am Ziel vorbeigehen.

Darüber hinaus hat es sich bewährt, grundsätzliche Angaben zur beabsichtigten Vorgehensweise zu machen. Als besonders nützlich für die Verhandlungen zwischen Auftraggeber und Projektleitung haben sich neben Ausgangslage und Projektzielen erwiesen:

- eine erste Risikoanalyse, die unter anderem hilft, knifflige Fragen und Problemstellungen konstruktiv anzusprechen
- die obersten Ebenen des Projektstrukturplans oder eines Backlogs, die unter anderem helfen Umfang   und Dimension eines Vorhabens begreiflich zu machen und Verantwortung abzugrenzen
- ein erstes, grobes Termingerüst auf Basis einer Roadmap oder von Phasen und Meilensteinen, die in Verbindung mit dem Projektstrukturplan

ebenfalls Umfang und Dimension bewusstma-
chen   (erster Entwurf des Projektplans)[13]

- eine Abschätzung von Ressourcen- und Fi-
  nanzmittelbedarf auf dieser Grundlage
- eine Bewertung von Aufwand und Nutzen
- ein Vorschlag für die Besetzung des Projektteams samt Rollen der Projektteammitglieder
  (Projektteam definieren)
- ein Vorschlag zur Zusammenarbeit mit dem
  Auftraggeber
- ein Vorschlag zur Besetzung und Zusammenarbeit mit Lenkungsgremien, die bereichsüber-
  greifende Entscheidungen treffen
- ein Vorschlag, welche Projektmanagement-
  Instrumente verwendet werden sollen   und
  wie sich die Projektleitung das Vorgehen zur
  Projektsteuerung vorstellt

Diese Informationen geben dem Auftraggeber
einen grundlegenden Einblick in die Arbeitsweise
des Projektteams und bieten ihm damit gezielt
Möglichkeiten, eigene Anforderungen zu benennen.
Gleichzeitig kann sich so die Projektleitung Freiräu-

---

[13] Link zum eBook: Projektstrukturplan erstellen – Kurzanleitung für die Projekt-Checkliste:
www.projektmensch.com/go2/publikationen/

me sichern. Deshalb ist es unter anderem wichtig, im Rahmen der Rollenbeschreibung auch Entscheidungskompetenzen zu definieren. Die Projektleitung hat dabei Vorschlags-, der Auftraggeber Entscheidungsrecht. Darüber hinaus ist der Auftraggeber auf einer besseren Datenbasis leichter in der Lage, über die Freigabe von Mitarbeitern und Ressourcen zu entscheiden. Eine, mit einem wenigstens groben Projektplan hinterlegte Personalbedarfsplanung, hat wesentlich mehr Aussagekraft als der schlichte Wunsch nach Kapazität der Kollegen.

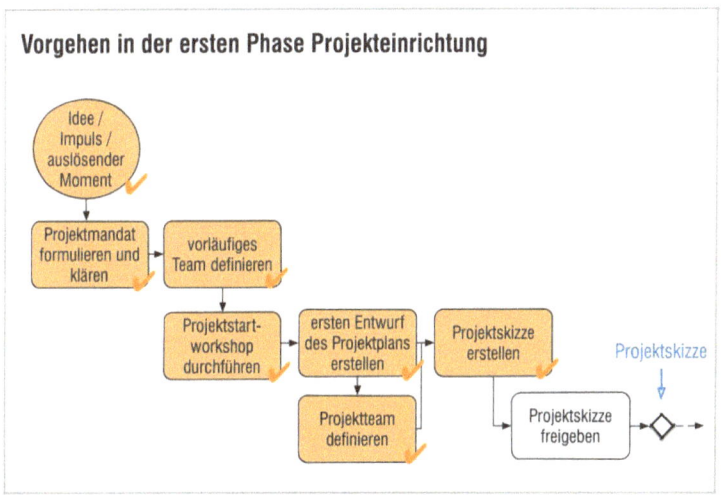

Abbildung 16: Die Projektskizze ist erstellt, nun geht es ins Freigabegespräch mit dem Auftraggeber.

Die Projektskizze freigeben

Im Freigabegespräch zwischen Auftraggeber und Projektleitung werden die vom Projektteam erarbeiteten Punkte nochmals durchgesprochen und Fragen geklärt. Die Projektskizze wird ergänzt und angepasst, bis beide Seiten damit einverstanden sind. Sie ist Grundlage für ein gutes, strukturiertes Gespräch. Erst nach der Diskussion kommt es zum formalen Akt der Freigabe.

Im Freigabegespräch geht es dabei gerade auch um den Austausch und um gegenseitiges Verständnis. Oft entsteht ein hierarchisches Gefälle zwischen Auftraggeber und Projektleitung. Alle Beteiligten sollten dies jedoch eher als Gespräch auf Augenhöhe betrachten. Der Projektleiter wird beauftragt, möglichst selbstständig etwas zu liefern, was der Auftraggeber benötigt. Jetzt benennt der Projektleiter die Bedingungen, unter denen er erfolgreich sein kann. Die könnte der Auftraggeber gar nicht liefern, da er meist nicht die Zeit hat, sich entsprechend tief in das Projekt einzuarbeiten.

Sind sich Auftraggeber und Projektleiter in allen Punkten einig, erfolgt die Freigabe, deren Bedingungen ebenfalls in der Projektskizze festgehalten werden. Die Freigabe erfolgt von beiden Seiten und dokumentiert das gegenseitige Verständnis, die gemeinsame Sicht und die Einigkeit über Ziele, Mitwirkung und das Vorgehen.

Mit ihrer Unterschrift unter die Projektskizze bestätigen Auftraggeber und Projektleiter „Ja, so machen wir das." (Oder im Umkehrschluss: „Nein, unter diesen Bedingungen gehen wir das Vorhaben nicht an.") Die Projektskizze wird damit zu einer Art Vertrag zwischen Auftraggeber und Projektleitung, bzw. Projektteam, auf den sich beide Seiten verlassen und in Gesprächen als Grundlage beziehen können. Ein Abbruch eines als nicht sinnvoll erkannten Projekts zu diesem Zeitpunkt ist ausdrücklich erwünscht.

Wird das Projekt durchgeführt, ist mit der Freigabe der Projektskizze der erste Meilenstein im Projektmanagement erreicht. Das Projekt geht nun in die zweite Projektmanagement-Phase. Die Projektplanung kann beginnen.

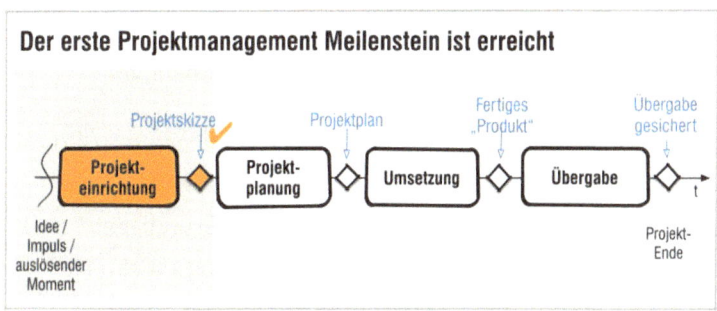

Abbildung 17: Die Projektskizze ist freigegeben – die Projektplanung kann beginnen.

4. Link-Tipps

Allgemein

- Blog-Artikel: „Zehn Tipps, wie Sie Ihr Projekt beim Start zuverlässig ruinieren"
  www.projektmensch.com/go2/zehn-tipps
- Blog-Artikel: „Projektmanagement ist Sache des Top-Managements"
  www.projektmensch.com/go2/top-management
- Fotostrecke: 3 Minuten für bessere Projekte
  www.projektmensch.com/go2/3-minuten-projektstart

Ist das (wirklich) ein Projekt?

- Blog-Artikel: "Wer von Abteilungen redet, denkt nicht in Projekt"
  www.projektmensch.com/go2/abteilungen

Das Projektmandat formulieren und klären

- Blog-Artikel: „Für die, die (zu) viele Projekte haben: die Projekt-Pipeline – (1) Grundlagen"
  www.projektmensch.com/go2/blog-pipeline-1
- Blog-Artikel: „Multi-Projekt-Management einfach machen. Die Projekt-Pipeline (2) – Implementierung."
  www.projektmensch.com/go2/blog-pipeline-2

Das vorläufige Projektteam definieren

- Blog-Artikel: Der Projektstart: ‚Onboarding' für die Mitstreiter.
  www.projektmensch.com/go2/projektstart-onboarding

Den Projektstart-Workshop durchführen

- Blog-Artikel:
  www.projektmensch.com/go2/projektstart-ausgangslage
- Ablauf und Checkliste Projektstart-Workshop:
  www.projektmensch.com/go2/psw-vorlage
- Blog-Artikel:
  www.projektmensch.com/go2/canvas

Die Projektskizze erstellen

- Vorlage Projektskizze:
  www.projektmensch.com/go2/projektskizze
- eBook: Projektstrukturplan erstellen – Kurzanleitung für die Projekt-Checkliste
  www.projektmensch.com/go2/publikationen/

Wenn Sie mögen, dann schenken wir Ihnen ein kleines Mini-E-Mail-Coaching: Senden Sie uns die Projektskizze Ihres Projekts und wir geben Ihnen ein kurzes Feedback dazu. Denn Coaching spart Lernschleifen.

Und wenn Sie einen Wunsch haben, welchen Baustein wir als nächstes in Angriff nehmen sollen, dann kontaktieren Sie uns einfach. Genauso, wenn Sie Kritik, Feedback oder Fragen zum Artikel oder der Projektmensch-Methode haben.

dialog@projektmensch.com

Wir sind kein Call-Center und garantieren deshalb keine Antwort innerhalb von zwei Stunden, aber eine Antwort erhalten Sie auf jeden Fall.

Viel Freude und gutes Gelingen beim Starten Ihres Projekts.

Ihre Projektmenschen

Mehr über die Herangehensweise der Projektmenschen gibt es unter **www.projektmensch.com** oder im Blog **www.projektmensch-blog.com**

Die Autoren

Holger Zimmermann ist Projektmensch, Vordenker, Organisationsentwickler und Begleiter in Change-Prozessen, mit inzwischen über 20 Jahren Erfahrung. Das systematische, gemeinsame Nachdenken mit seinen Gesprächspartnern, stellt für ihn  eine entscheidende Disziplin im Projektmanagement dar, neben dem Fokus auf den Menschen und deren individuellen Bedürfnissen. Gute Projektführung ist für ihn schlicht: die Zusammenarbeit verschiedener Experten gut zu organisieren.

 **Tina Zimmermann** ist Projektmensch und die beste Mutter der Welt, sagen ihre Kinder. Seit inzwischen 17 Jahren organisiert, koordiniert und leitet sie Projekte in den unterschiedlichsten Disziplinen. Am Projektmensch-Prinzip faszinieren sie die Werkzeuge und Methoden, die neben der Sache ganz besonders auch die Menschen berücksichtigen und damit für gute Zusammenarbeit im Projekt sorgen.

MIX

Papier | Fördert
gute Waldnutzung

FSC® C083411

Zeitfracht Medien GmbH
Ferdinand-Jühlke-Straße 7
99095 Erfurt, Deutschland
produktsicherheit@kolibri360.de